포엠포엠
POEMPOEM

가끔 부재중입니다

2024 Hwang Gilyeop

포엠포엠시인선 040

가끔 부재중입니다

황길엽 시집

포엠포엠
POEMPOEM

가끔 부재중입니다

목차

● 시인의 말 · 8

part. 1
길

신호등 없는 길 · 13
정답과 오답사이 · 14
달맞이 길 · 15
길에서 길을 묻는다 · 16
이방인 · 17
낯선 거리풍경 · 18
골목길 1 · 19
골목길 2 · 20
노도를 걷다 · 21
무심 · 22
가끔 부재중입니다 · 23
여명 · 24
숲길 맨발 걷기 · 25
기림사 가는 길 · 26
빛 · 28
몽환의 밤 · 29
장미 터널 · 30
우포늪 징검다리 · 31

part. 2
관계에 대한 그리움

너무 늦은 · 35
호스피스 임종병실 · 36
잃어버린 시간 · 37
불면증 · 38
마지막 흔적 · 39
부엉이가 운다 · 40
이별 · 42
유년을 줍는다 · 44
담쟁이 넝쿨 · 45
얼굴 · 46
느티나무연가 · 48
바다향기 · 49
새벽이 올 때까지 · 50
공간 속으로 · 51
바다 · 52
빈 집 1 · 53
빈 집 2 · 54
꿈틀 거리다 · 55
우울증 · 56
영상통화 · 57

part. 3
시간

개화開花를 기다리다 · 61
버려진 의자 · 62
비상을 꿈꾸다 · 63
지워지는 것들 · 64
수채화 · 66
다육이 사랑 · 67
일상 1 · 68
일상 2 · 69
초록세상 · 70
일출 · 72
시월의 기억 · 73
울컥, 그런 날이 오면 · 74
죽방멸치 · 75
섬 · 76
봄, 꽃 · 77
수신자 없는 편지 · 78
비밀 · 79
바다 새 · 80
시간은 고독입니다 · 81
독백 · 82
아주 오래전 · 83
엔터키를 누르세요 · 84
두려움 · 86

part. 4
자연의 소리

낮은 곳으로 · 89
야생 봄꽃을 찾아 · 90
비안개 · 92
풍경 1 · 93
풍경 2 · 94
봄날의 예감 · 95
그림자 · 96
황사비 · 97
검은 나무, 그리고 숲 · 98
어쩌면 · 100
봄이 침묵하는 이유 · 102
빗소리 · 103
폭우 · 104
풍경 3 · 105
거리 좁히기 · 106
새가 되어 · 108
봄의 소리를 듣다 · 109
구름 · 110
가을 · 112

● **추천글**
정익진(시인) · 116

● 시인의 말

오래된 기억은 추억이 될 뿐

끝이 보이지 않는 길이지만

곁에 와있는

바람, 숲, 나무

그리고 빛과 그림자

2024년 봄 날

황 길 엽

part. 1

길

신호등 없는 길

그는 목적지도 없이 먼 길을 도망치듯
오늘을 걷는다

가을하늘 머리 위에 두고
멈춤 신호 없이 자유롭게
출렁이는 바람결 따라 서둘러 가다가
길은 숲이 되고 다시 길이 되어가는
무심한 시간

조용히 오늘을 밀어놓고
빗금으로 내려오는 산 그림자
길을 덮어간다
비밀통로 같은 가로수도
흔적 없이 지워지고

불법 주행 중인 무법자
그는 여전히 자유분방주의로
세상을 호령하는 바람
바람길

정답과 오답사이

  잃어버린 것들과 잊어버린 것들 사이에서 현재를 살아내는 방법을 알지 못해 바보인 나는 늘 제자리걸음으로 지난 시간들에 발목 잡히고 온전한 걸음을 걷지 못하는 나 같은 사람, 사람들

  이제 삶의 공식에 오답은 지우고 아침햇살을 보면 지난밤 어두웠던 흔적들 잊어버리고 처음 보는 것 같은 환한 하늘, 또 설렘이다

  나는 흘러가듯 또 다른 길을 만나고 얼빠진 생각으로 얼빠지게 사는 동안 울컥 떠내려가는 내 기억 속 문장을 잡아놓고 빤히 보이는 길, 온갖 잡념에 뺏긴 머릿속은 텅 비어 하얗다.

  정답과 오답사이는 거리가 없듯이 찰나에 바뀌는 뇌에서 빠져나오는 순간은 어쩔 수 없는 나만의 계산법이 되어버리고 후회는 미래 일 뿐이다

  내가 지나온 길에 어깨처진 남자의 무거운 구둣발소리, 길이 아닌 길을 가는 오류誤謬에도 사람들은 왜? 밟고 또 밟히면서 상처가 되는 길을 버리지 않는 사람, 사람들

달맞이 길

먼 수평선 끝에는
하늘과 바다의 경계를 풀어놓고
미지의 세계로 향한 닻을 올린다

텅 비어버린 하늘과 바다
바닷바람이 뜨거운 햇살에 쫓겨
숨어든 수국꽃잎 사이
온 몸을 살랑살랑 뒤척일 때마다
달맞이길이 꽃물로 질퍽이는
휘어져 돌아앉은 낯익은 길

언제나 그곳에는
많은 사람들 발걸음 모여들고
걸음과 걸음사이
한 낮 햇살이 미끄러지듯 멀어져

색색으로 물든 수국들
설렘으로 붉어진 연인들 얼굴
힐끗힐끗 수줍은 새 한 마리
벚나무 가지를 떠나 허공으로 날고
휘어진 달맞이길, 꽃물로 눈부시다

길에서 길을 묻는다

 두 세군데 찢어진 길 앞에 멈추고 지난밤 꾸었던 꿈속인가 뒤통수 한 대 맞은 것처럼 숲도 길도 하얗다

 가야할 곳은 어딘지, 그녀 눈은 번쩍이고 방향감각은 까맣다 흩어지는 구름은 조금씩 흔들릴 때마다 제 몸 부풀려 보지만 부서졌다가 길 가장자리로 추락해와 검은 그림자로 눕는다

 길도 버리고 바닥에서 버둥거리다 어디쯤에서 죽음을 재촉할지 깊은 숲으로 날아가는 위태로운 바람의 몸짓들

 동글동글 내 발 밑으로 굴러가는 길에 잠시 풀어놓은 햇살이 발등 위로 앉아 파닥이다 훅 날아오른다. 길인지 하늘인지 나무숲에 얹혀서 바람이 흔들 때마다 길은 멀어지고 발자국만 찍힌다

 깊어지는 시간에 밀리고 길 위에 나란히 깔려가는 햇살 그 길 끝이 궁금한 길에서 묻는

이방인

까마득하게 먼, 뜨거웠던 삶의 흔적들
언제부턴가 내 기억에서 덜어내고

버리지 못한 고집스런 집념으로
손에 잡히지 않는 꿈만 키우는데

내일은 어떤 모습일까?

낯선 길에 발을 내려놓고
이방인이 되어

텅 빈 도시의 불빛들
어둠에 지워지는 것들

낯선 거리풍경

저녁 8시

바이러스에 묶인 발걸음 낯설기만 한 거리풍경 어제 오늘이 아니다 저녁시간 북적대던 식당 안은 그림자 하나 없는 적막이다 빈 테이블에 풀어놓은 주인장 한숨소리 반찬그릇 대신 정리할 것 없는 적막으로 가득 차 있는 공간

어둠이 짙어지고 안으로 가끔씩 휘어져 들어오는 자동차 불빛 가슴앓이로 보낸 하루가 아물지 않고 야윈 마음에 목이마르다 쓸쓸한 바람과 마주앉아 김치전에 소주 한 잔, 오늘을 비우고 내일의 희망을 채우다가 울컥 소주잔에 넘치는 것은 눈물 뿐

스쳐가는 바람에 잠시 머뭇거리다 공허함에 고개 숙인 간판 불은 헛헛한 순간 죽음을 재촉한다

골목길로 숨어든 자동차 불빛, 비굴하게 흔적 지우듯 지독한 견딤으로 벽과 벽 사이 여백은 간절한 희망으로 와 줄 아침을 기다린다

골목길 1

떠밀려 간다는 것은 슬프다

사방으로 번지는 어둔 얼굴들
모두가 빼앗긴 시간을 줍다가 길을 잃었다
바람에 매달려 하얗게 번지는 햇살
방황하듯 흩어져간다

절망 속 하루는 또 무심하게
허상에 젖은 생각을 쓸어 눕힌
쓸쓸한 발걸음

낯선 바람 길에 던져놓은 서투른 몸짓
불안함으로 암울하게 흔들리는
소박한 삶마저 허락받지 못하고
세상의 품속은 지금 몸살을 앓고 있다

어둠이 짙어질수록 빛나는 별처럼
평범했던 일상이 행복이었던
봉곳봉곳 꽃망울 벙글고
활짝 핀 꽃들로 다시 환한 길

골목길 2

 하루는 풍선처럼 부풀어지다가 조금씩 기우려지는 시간 산 그림자는 거대한 나무들을 눕히고 마을을 집어삼키다가 철퍼덕 길바닥에 쓰러져 긴 숨을 몰아쉬고 바람에 휘둘려 흔적 없이 사라진다 깊어진 하늘 더욱 깊어져 지친 하루를 내려놓듯 숨 쉴 곳 없는 벽을 사이에 두고 사방에서 어두운 그림자로 걷는 침묵뿐, 지친 삶을 업은 거리풍경, 좁은 골목에서 하루를 접는다

노도를 걷다

비구름으로 뒤엉킨 바람

노도 선착장에 한여름 열기만큼

서포 김만중의 뜨거운 숨결을 느끼며

등 떠밀려 솔향 짙은 길을 걷는다

한숨과 그리움이 녹아내린 초옥의 자리

해풍에 묻어오는 역시의 책장을 넘기며

그림자처럼 앉아있는 김만중 문학관

유배지의 한이 아닌 문학의 섬 노도의 설렘

무심

사방에서 길은 자라나고 그 길 위에 고요가 내려앉아 의지
와는 상관없이 바람에 밀리듯 나란히 길을 간다

듬성듬성 그어놓은 검붉은 선은 접근 금지라고 하고
누구는 그 선을 넘어 가야한다고 하는 것에 망설이다
부동으로 서서 길을 지우는 벽을 본다

담벼락을 타고 흘러내리는 능소화 줄기에 거꾸로 매달린
능소화 꽃잎은 누군가 꺾지 않으면 생을 다하는 날까지 우
아함을 잃지 않고 환하게 웃다가 떠나는 날 뚝 끊어진 마지
막 모습이 되듯 꽃향기를 잃어버리고 마지막 생을 보여준
꽃에게 내려준 정의는 사랑과 희생, 인내이다

높게 떠가는 하늘은 구름에게 업히어 수채화처럼 붉은 노
을에 무심히 시월의 풍경을 읽는다. 익어가는 가을

가끔 부재중입니다

살아갈수록 밀린 숙제 같은
쉽게 내려놓지 못하는 무게

슬프다고 말하지 말기
가끔은 힘들다고 말하고
오래전 내가 잃어버린 것들은

살아왔다는 것
살고 있다는 것
살아야 한다는 것으로
인생길에서
공존하고 있다는 것

얼마나 나는 더 갈 수 있을까
몇 갈래로 흩어진 길 위에서
방황하고 비틀거리면서
매일 반복되는 길을 걷지만

이별에 익숙한 나를 향해
하늘은 거꾸로 매달려서 흐르고
그에게 매달려가는 구름
점점 아득해지는 거리

여명

가로등 불빛이 조금씩 지워지는 시간

켜켜이 쌓여있는 아파트 창문으로 비몽사몽
흔들리는 불빛 하나 둘 고개 내밀어

슬며시 던져놓은 한 움큼 어둠의 끝을 안고
하늘을 무심히 건너는 초승달까지 지우는

늘 익숙한 아침이지만

짧은 순간
불쑥 떠오를 일출을 기다리는 초점의 앵글
떨림 가득 안고 한 뼘 거리에서

가만히 바다로 흘러 몸을 섞는다

숲길 맨발 걷기

개미들은 모두 줄행랑을 친다

거대한 외계인의 발밑으로 개구리 외마디소리

그림자였다

짙은 초록 숲에는 나무들이 뿌리를 내리고

굽은 허리로 황토길 밟아가는 중년의 지팡이처럼

발바닥은 흙에 채이고 밟히는 것은

바닥이 아니고 숲이다

맨발로 걷는 연인들

하나 둘 나무와 나란히 섰다

기림사 가는 길

나에게 가득했던 번뇌煩惱를 지우려
기림사로 간다

숲과 하늘, 그리고 바람
감포 바다에 떠있는 고깃배 불빛은
갑판 쪽으로 조금씩 내려가 앉는다

순간
바닷물은 붉은 몸짓으로 솟아오르고
둥글게 알전구처럼 떠오르는 태양
사방으로 퍼지는 눈부신 하루의 시작이다

기림사 가는 길, 안개가 불그레하게 퍼져
미루나무 가지 끝에 새둥지를 떠나
초록으로 물들어가는 산자락을 날아오르는
이름 모를 새 한 마리

깨달음을 얻으라는
아침예불을 올리는 목탁소리
언제나 내 몸 안에서 자라는
안개에 깨끗하게 씻긴 하얀 길

언제나 내 몸 안에서 자라는
지문처럼 지워지지 않는 이름 하나
불현 듯 찾아오면
나는 기림사로 간다

빛

빛이 굴절되어 바다를 적시는 시간
위태로운 꿈을 꾸었던 적 있지
무심한 세월에
허무하게 무너져버리는 줄도 모르고
아직도 가슴 설레는
수평선에 빛나는 파도여
낮과 밤사이를 건너는 비밀하나
붉은 노을빛으로 나를 채운다
어둠이 아직 멀리 있는 시간
잠시 꾸었던 꿈속의 이름

몽환의 밤

이별은 그렇게 왔다

너는 너대로

나는 나대로

반대편으로 걸어간다

점점 거리는 까마득해서

너는 희미한 점이 되어 나를 떠났다

조용히 아주 조용히 떠나고

나는 매일 너를 향한

몽환의 하얀 밤을 넘는다

장미 터널

눈부신 물빛에 수양버들
물속으로 몸을 섞는다
숲에 내려앉은 햇살
늪에 빠져 발목 잡힌 채
더욱 깊은 수렁으로 박혀
개구리밥들 붉게 물들이고

버들가지 하늘거림이
새의 날개 짓으로 바람을 불러
그 안에 갇혀버린 나비 한 마리
돌다리 건너는 개구리 등에 앉아
하늘로 날아오를 꿈이 자라는 오후

붉은 장미 터널을 지나
늪에 비친 하늘도
늪에 내려놓은 구름도
한걸음 밟아가는 소리에 흔들려
붉게 물들어가는 우포늪

우포늪 징검다리

구름 한 조각 흘러갈 생각 없이
수양버들잎으로 감싸고
눈부신 물빛에 빠져
늪 깊은 곳에
햇살과 구름 앞 다투어
반질반질한 돌계단을 밟아간다
사방은 물안개로 자욱해
날아오른 바람에 흔들려
개구리소리, 물소리 귀가 황홀할 때 쯤
초록의 물비린내를 풍기며
몸을 흔들어줄 새들을 기다린다
따오기는 보이지 않고
물 위에 내려놓은 나무그림자
물방개들 몸놀림은 바쁘다
다가앉으면 사라지는 나뭇잎

part. 2

관계에 대한 그리움

너무 늦은

오래된 기억이라고 했는데
녹슨 시간들 멈추어 서서 어쩌란 말인가
안개비 오듯
마른기침 같은 소리만 주변을 맴돌아
끝은 보이지 않지만
아마 어딘가에서 접었다 폈다
수없는 발자국들 찍었을 것이다

길 가장자리에 장승처럼 버티고 선
가로등 아래
푸드득 몸을 털어내는 새 한 마리
밤사이 자란 날개를 펴고
화들짝 날아오른 곳이
누구는 지난 시간이라고 하고
또 누구는 과거라고 한다

새벽별을 보내고
하루를 시작하는 알람소리는
어제도 오늘도
요란하게 잠겨있던 시간을 깨운다

호스피스 임종병실

세상 향한 바쁜 걸음들이 또 하루살이로 허물어지는 날 푸른 숲은 숲대로 눈부신데 펜 끝은 무디어 집니다

생은 까마득하게 걸어왔던 길에서 한 뼘 쯤으로 접혀져오는 거리로 멈춥니다

열정과 욕망이 뜨거웠던 삶의 흔적은 여전히 그 자리에 서서 수십만 번을 오르고 내리는 발걸음만 보다가 웃자라버린 시간, 하얗게 바래진 병실에는 기억 속에 머무를 오늘을 밀고 갑니다

가끔씩 몰아쉬는 마지막 숨소리가 무겁게 창문에 매달려 영혼은 거리를 좁히고 가볍게 등 뒤에서 차마 내려놓지 못한 초점 잃은 눈동자에는 세상인연들 하나하나 담으려다 풀어집니다

공기처럼 가벼이 또 한사람이 떠나고, 남아있는 흔적 틀어내며 병실을 비워내는 것은 슬픔이 커지는 마지막 시간을 걷는 것입니다

오늘도 호스피스 병실에는 또 다른 이승의 마지막 이별 준비를 합니다

잃어버린 시간

18시

 바이러스에 묶인 발걸음 고장 난 신호등 아래 서서 낯설기만 한 거리풍경 웃음을 잃은지 어제 오늘이 아니다 저녁시간 북적대던 식당 안은 그림자 하나 없는 적막이다
 빈 테이블에 풀어놓은 주인장 한숨소리 반찬그릇 대신 정리할 것 없는 공간 달그락 소리 기다려지는 허허로운 밤 어둠이 짙어지고 안으로 가끔씩 휘어져 들어오는 자동차 불빛 가슴앓이로 보낸 하루가 아물지 않고 야윈 마음에 목이마르다 쓸쓸한 바람과 마주앉아 김치전에 소주 한 잔, 오늘을 비우고 내일의 희망을 채우다가 울컥 소주잔에 넘치는 것은 눈물 뿐, 스쳐가는 바람에 잠시 머뭇거리다 공허함에 고개 숙인 간판 불 헛헛한 죽음을 재촉한다

 골목길 빠져나간 자동차불빛 비굴하게 흔적 지우듯 사라진다. 마스크에 봉쇄당한 얼굴로 지독한 견딤을 이기지 못해 구멍 뚫린 가슴만 쓸어내리며 날리는 바람처럼 어두운 거리 불빛과의 여백을 사이에 두고 간절한 발걸음으로 밟고 지나온 길에 이제 새벽이 지나 아침이 오듯 다시 환하게 빛나는 일상을 기다리는 설렘의 걸음이 되기를 쭉 뻗은 길을 향해 걷는다

불면증

세월에 깎이어 얇아진 가벼움으로
그녀의 기억들은 잠들어 있고
간절했던 수식어들만 절절한 노랫말처럼
귓속에서 이명으로 살아가는데

하루에도 몇 번씩 내게서 커지는 것은
불안과 외로움
어디선가 고양이 울음소리
낯선 곳으로 떠가는 메아리로 남아

스치는 것들 내 것이 아님을 알면서
지난날의 기억은 조금씩 말라가고
밤을 사이에 두고
짓누르는 두려움으로
다시 나를 따라오는
기억 몇 장 펼쳐놓는다

점점 허무로 부풀어지는 그녀의 밤은
적막으로 가득 차올라
영혼이 부재중이다

마지막 흔적

 봄볕이 유난히 빛나고 사람들은 그림자로 돌아앉아 멍하게 흘러가는 시간을 쫓는다. 마지막 흔적이 시뻘겋게 달구어진 화구에서 이승의 기억을 태우고 가벼이 한줌의 재로 돌아오는 마지막 작별은 또 한 번 허무의 벽이 무너지고, 인연되어 걸어왔던 생의 흔적은 그렁그렁 하늘빛으로 물들어가는 눈물 되어 날리는데

 한사람의 생이 끝을 알 수 없는 세월을 살다가, 그 세월의 끝에는 누구나 한번은 가는 곳이라는데 얼마만큼 먼 거리인지 아무도 알 수 없는 그 곳

 인연을 지우고 돌아오는 길에 여전히 햇살은 빛나고 바다도 하늘빛도 시리도록 푸르다

 부동으로 누운 길은 푸른 파도가 되어 흔들리고 있다 나는 바다 위를 걸어서 닿아야 할 곳도 잊어버리고 출렁이는 바다는 조가비 같은 섬들을 껴안고 밀물과 썰물로 이어지는 사이로 내려오는 햇살에 익숙하지만, 바다 새가 되어 먼 곳으로 날아간 그리움의 끝은 어디로 향하는지?

부엉이가 운다

왁자지껄 소란했던 웃음소리 어디에 머물렀는지
시골집 마루에 앉으니 부엉이가 운다
흐르는 시간은 조금도 굴하지 않고
구부러진 나뭇가지처럼 산 그림자 휘어져 내려온다

조금씩 쌓여가는 땅거미가 내려앉아
나는 마당 가득 드러누운 그림자 지우고
밤을 기다린다

길고양이 한 마리 현관 앞에 앉아
저녁밥을 기다리는 손님 같다
나에게 남아있는 빵 두 조각
한참을 망설이다 내 입을 닫아버리고
고양이에게 정중히 대접하고 하늘을 본다

참 예쁜 밤이지만
바람만 배회하는 쓸쓸한 시간
나도 부엉이처럼 울고 있어
시골풍경이 더욱 시린 밤이다

아카시아 향이 마당 가득 들어와
아직도 내려놓지 못하는 엄마의 사랑

당신 없는 빈집, 얼룩진 벽에 걸린
흑백사진 속 내 유년은 웃고 있다

이별

그녀의 목소리보다
소중한 인연의 부음訃音이 대신 왔다

바람처럼 떠나서 다시 올 수 없다는
그녀의 가족이 보낸 문자
지나간 날들의 기억들이 문장으로 남아
쓸쓸하게 가을바람소리로 매달려 있다

그녀의 소리들은 이곳에 남아있고
그곳에서는 아름다운 시편들로 노래하겠지

이별은

떠나는 이의 마지막 깊은 숨처럼
잠시 머물다 미끄러지듯 떠나는 인연
은은하게 퍼지는 햇살 따라
안녕,
허공으로 오르는 슬픈 단어가 되었다

이제

함께였던 세월이 조용히 다가와

슬픈 기타선율처럼 추억의 노래로 남는
너의 목소리

수직을 만들어놓은 먼 곳으로
네가 떠난 길은 보이지 않고
아득히 펼쳐진 거리가 젖는다

유년을 줍는다

 짭조름하고 달콤한 고향냄새에 매료되어 발길 닿은 유년의 바다가 나를 잡는다

 몽글몽글 피어오르는 과거에 잡혀 웃다가 성큼 옮기는 발걸음 물이 빠진 뻘이 있는 경계쯤에 바글바글 나를 반기는 진고동(바다다슬기-갯고동)들이 갯벌에 쭉 밀려가는 신기함에 추억 안에서 한참동안 현실을 망각한 채 소녀의 눈빛이 허리를 굽히게 한다

 신명난 손놀림으로 바가지 한가득 담긴 진고동, 그렇게 바다와 사랑을 나누는 동안 발등까지 와있는 바닷물에 현재로 돌아온 나는 세월을 거슬러놓은 오늘의 행복, 그리고 유년의 세월이 칠순의 나이테에 무더기로 내려앉아 윤슬에 빛나는 고향바다 눈부심에 취해버렸다

 어느새 달려온 시간은 밀물로 밀려오고 서쪽하늘로 가는 태양에 아쉬움으로 기울고 물통에 담긴 고동은 새까맣게 기어오르며 치열하게 버티는 몸부림이 지난날 나를 닮은 것 같아 훌쩍 건너온 세월에 명치끝이 저려오는 오늘, 소중하게 추억의 페이지에 저장된다

담쟁이 넝쿨

이해되지 않는 문장들만
똑같은 시간에 똑 같은 거리로
세월은 기억을 가두어둔 채
추억도 이제 낯선 곳에서 퇴색되어
거울 속 힘없이 서있는 내 모습만 들고
남아있는 시간 속으로 걷는
먼 길을 돌아 내게 익숙한 단어, 고향
언제나 그곳이 설렘이다
고향집 돌담을 오르는 담쟁이 잎들도
행과 연을 채우듯
부산하게 마당을 향해 오르고 내린다
유년을 데리고 온 것들, 참 곱다
이제 나도
웃을 줄 아는 아이가 되어있고
내 추억의 예쁜 글을 쓰다가
오래도록 나는 소녀가 되어
한 움큼 움켜쥔
흩어져 가는 구름인줄도 모른 채
몇십 년을 거슬러 유년의 꿈속을 걷는다

얼굴

투명해서 더욱 짙어지는 그림자

유리문 안과 밖

가려진 얼굴에 초점 없는 눈빛이 아프다

마스크에 뺏긴 가족 얼굴

잊힌 세월이 주룩 흘러내린다

소중한 것들과 이별하면서

입속에 갇혀버린 말 말

어머니의 아린 마음이 방황하듯

유리문을 뜨겁게 달구어

간간히 힘없이 미소 짓는 그녀의 얼굴

하얗게 번지는 햇살을 닮았다

몰랐었다

시간을 무심히 보내버린 아쉬움이 크다는 것을

어머니의 모습이 내 모습일지도

거부할 수 없는 것이 시간인 것을

면회 시간 짧은 15분

체크해버리는 헤어짐이 슬픈 날

느티나무 연가

머리 위에서 꺾어져 내려온 하늘
그 높이를 가늠할 수 없는 아쉬움으로
굽어진 길 따라 초록물결 차창에 매달고
낯익은 길들, 익숙한 풍경들이
나란히 누운 길들을 접어가는 동안
유년의 그리운 보따리 풀어가듯
스쳐간 인연들 기다려주는 초등학교
백년 세월을 보낸 역사 안에 서서
언제나 변함없이 묵묵히 품어주는
수많은 세월이 흘러도 그 자리에서
추운겨울도 비바람 폭풍에도
늠름하게 버티고 서서
운동장 넘치게 몰려와줄
꿈 많은 소년소녀들의 웃음소리
기다려주는 느티나무
언제나 그 자리에 다시 또 100년!
꿈과 희망을 주렁주렁 매달고
푸르게 빛나는 자태로
교정을 지켜줄 당신은 영원한 수호신

바다향기

그림처럼 길게 놓인 아름다운 길
그리움만으로 가득한 길
한 번도 함께하지 못했던 길들이
잊힐 만도 한데 발길마다 따르는 그림자

멀리 바다 위로 구름들이 내려앉아
너울 따라 넘실넘실 바다로 떠가는 하늘
설레는 가슴은 섬에게로 간다
코끝으로 번지는 달달한 바다냄새
뜨거운 태양 말없이 끌어안고
발가벗은 등을 내주는 남해대교

상주 해수욕장 솔숲으로 비집고 들어선 바람
어느새 가슴 가득 바다를 채워주고
먼먼 바다여행을 떠난 소녀는 돌아오지 않는다
까르륵이는 갈매기소리를 쫓아
소녀는 아련한 기억 속으로 사라지고
쓴 웃음으로 세월을
하얗게 지워내고 있다

향긋한 바다냄새 출렁출렁 가슴을 채운다

새벽이 올 때까지

열정이라는 단어는 이미 욕심이고
세월에게 곁을 내어준
그 안에 잠시 머물러있는 청춘을 본다

시작도 끝도 보이지 않고
눈앞을 채우는 어둠뿐인 밤에
시어는 모두 죽고
시 한 줄 쓰지 못하고 보낸 밤

밤을 허물고 다시 찾아오는 새벽
창밖에 하얗게 안개가 피어나
자글자글 속살거리는 소리
싱싱한 하늘거림은 아침을 부르고

메모리에 저장되어야 하는
또 다른 하루를 기다리는
어제는 지나간 추억이라고 쓰고
엔터키를 누른다

공간 속으로

좁은 공간속으로 들어 가버린 세상 눈빛은 머물 곳을 모른 채, 허공 가득 채운 허허로운 바람 얼굴가린 마스크 안에서 슬픔이 꿈틀 거린다

매일 반복되는 어두운 시간들이 따스한 봄 햇살 같은 온기로 와 앉을 자리를 비워두고 폭풍한숨 지워낼 시간, 질근거리는 쓸쓸한 바람에 휘청이는 오늘

가장 낮은 자세로 모두는 축축한 마음으로 들리지 않는 수많은 얘기들 쫓다 대각선으로 아슬아슬하게 걸려있는 신호등에 발목 잡힌 채 차창 밖 변해버린 세상, 전방주시는 무시되고 지난날 분주했던 거리풍경은 어디에서 발목 잡혔는지 사방은 정지상태다 인도에 가끔 오가는 낡은 구둣발소리,

차창에 스며드는 햇살, 몸속에서 꿈틀대던 말, 소리, 목울대에 걸려 입술 안에 갇혔던 수많은 말들이 아우성으로 우르르 쏟아져 자동차 소리로 긁고 간다

지난 날 정겨운 걸음들 머물렀던 곳곳마다 헐벗은 가로수로 버티고 서서 온몸에 돋아나올 새순을 기다리듯 다시 평온한 내일을 기다린다

바다

조금씩 떼어냈던 기억들이
파도에 밀려 발 앞에 몰려와 앉습니다
소소하게 행복했고
끝도 없이 허물어지기도 했고
무능함에 좌절도 했던
잊고 싶었던 것들이 조잘조잘 귓불을 때립니다
파도에게 건네고
까마득하게 걸어왔던 지친 발걸음들이
모래사장을 덮습니다

쓸쓸한 삶의 흔적을 빼곡히 적은 수첩을 꺼내
느리게 밀려왔다 밀려가는 물보라에 흘려보낸
내 눈에서 지워져가는 시간입니다

푸르고 싱그러웠던 꿈도
돌부리에 걸려 허망하게 넘어졌다가
다시 희망이라는 단어를 만들어
많이 꾸고 도전했던 삶의 흔적들이
오롯이 밀려왔다 다시 밀려갑니다

비에 젖은 파도가 바다를 채우고
오늘은 또 조금씩 저물어갑니다

빈 집 1

 불빛 없는 지붕 위로 들 고양이 한 마리 바람처럼 휑하게 날아올라 푸른 눈을 등대로 밝히고 빈집 주인이 된다 그녀의 발자국이 남아있는 텅 빈 마당에 무성한 잎들이 뒤척이는데 그 위를 달빛이 내려앉아 온기가 없어진 빈방 창문, 싸르락 싸르락 바람이 부비다 갑니다

 누렇게 변해버린 벽면에는 그녀의 손때 묻은 벽시계만 6시에 일직선으로 서서 묵묵히 주인을 기다리고 있습니다 지난 세월을 잡고 마당 옆에 녹슨 괭이 한 자루 허물어져버린 농부의 땀 냄새가 켜켜이 박힌 채 지워지지 않고 오늘 아버지 자리가 덩그렇게 놓인 그곳으로 그리운 안부 묻습니다

 훌쩍 보낸 세월이 종종걸음으로 와 앉고, 돌담장에 무성해진 담쟁이 넝쿨 겨울동안 잎 털어낸 자리에 새싹들이 뾰족이 살아나는 향기로운 봄날, 우물가 돌담사이에 노란 개나리

 휘휘 마당을 쓸어가는 봄바람에 유년이 스치고 갑니다

빈 집 2

낯선 길처럼 오래된 기억은 추억이 될 뿐

빚진 걸음으로 떨어져 있는 거리만큼

묵묵히 허공으로 흩어지는 바람처럼

잘게 부수어 놓은 기억들 퍼즐로 맞추다

시간과 공간 속

은밀히 갇혀 벗어나지 못하고

먼 곳에서 컹컹 개짖는 소리

조용한 정적을 뚫고 요란해져오고

밤이 깊어갈수록 예쁜 달빛

빈집을 하얗게 채워놓은

아름다운 밤

꿈틀 거리다

　꿈틀 거린다
　오늘도 기다림의 쓸쓸한 시간을 만지작거립니다.

　가장 낮은 자세로 들리지 않는 수많은 얘기들 쫓다 대각선으로 아슬아슬하게 걸려있는 신호등으로 차창 밖에 늘어선 거리는 낯설기만 한 풍경입니다

　전방 주시는 무시되고 지난날 분주했던 거리풍경은 어디에서 발목 잡혔는지 사방은 정지신호에 걸린 것 같은 한산함으로 가끔 오가는 낡은 구둣발소리, 질근거리는 쓸쓸한 바람만 사방으로 휘청휘청 날리는 오늘을 봅니다.

　내 마음은 이미 휘어져 버린지 오래고 눈 밖으로 멀어져가는 길에는 쏟아져 내리는 햇살뿐, 몸속에서 꿈틀대던 수많은 말들이 목울대에 걸려 입술 안에 갇혔다가 우르르 쏟아져 자동차 소리로 긁고 갑니다.

　지난 날 정겨운 걸음들, 다시 먼 시간을 돌아와 헐벗은 가로수로 버티고 서서 온몸에 돋아나올 새움을 기다리듯 온전하게 웃는 얼굴을 기다립니다

우울증

온몸이 공중으로 떠오르다 뚝 떨어지고
발밑은 출렁이는 바다가 되어
그곳에 돛배하나 띄우고
나는 방향 없이 떠내려가다 작은 섬에 닿아있다
갈매기 소리였다가 다시
유람선에서 울리는 뱃고동소리로
귀에는 귀뚜라미가 집을 지었나보다
온갖 벌레들이 들락거리는 소란함에 질려
머리는 바닥으로 향하고
두 발은 나무기둥이 되어 떠 있다
어제 내가 버리고 온 시간들
어디쯤에서 나를 내려놓을 수 있으려나
평생을 빚진 것 같은 무거운 걸음으로
공유하는 텅 빈 낯선 길 위에서
무기력해지는 내가 울컥,

영상통화

손안에서 사랑스런 얼굴이 웃는다
나도 행복한 미소가 번지고
목소리에 흠뻑 젖어버린 그리움은
가슴 벅차온다

계산할 수 없는 먼 거리에서
아이들 음성은 나를 살게 하는 이유가 된다
머나먼 이국땅
의젓한 모습으로 만날 날만 기다리는
참 많이 건너온 세월이 보인다

스마트 폰이 손안에서 울 때마다
얼굴에 넘치는 웃음

지금 세계는
기계문명이 인간을 지배하고
터치 하나에 변화무상한 화면을 본다

part. 3

시간

개화開花를 기다리다

사방에 흩어지는 신음소리
달아오른 화기를 어쩌지 못해
온몸에서 솟구쳐 사방에서 터진다

꽃대하나 키우지 못하고
휘청거리는 바람에
날마다 비아냥거리던 햇살
오늘은 실룩실룩 온몸을 휘저어댄다

절규여
한이여
그리움이여
세월의 끄나풀로 동여매고
용케 버티어온 시간들

빈 몸에서 꼼지락거리는
꽃망울의 반란이 시작된 날

가슴에 채운 그리움 조금씩 비우고
허물처럼 벗어던진 자리에
낡고 녹슬어버린 시간을 지우듯
벙글어지는 환한 꽃

버려진 의자

길 위에 날리듯 내려앉은 햇살
풀숲에 버려진 의자 위에 자리 잡고
오랜 시간 단절되었던 곳에 명패를 달았다

새들은 새로운 욕망이 차올라
숫자 헤아리듯 읊조리는 소리에 귀를 세우고
들짐승 피해 숨죽이고 숲속으로 깊이 내려놓은
하얀 깃털이 햇살에 반짝 빛나는

팽팽했던 시간도 늘어져
곁에 남겨놓은 것들은
바람이 지나간 곳에
겹겹으로 쌓여가는 습한 이슬 뿐
밤이 되면 짝짓기를 하는
풀숲으로 모여드는 풀벌레 떼

순간 빠른 걸음이 되는
붉은 노을도 바다로 내려앉아
빈 의자에 덩그러니 달그림자 앉히고
다시 쓸쓸한 그리움만 살찌운, 오늘

비상을 꿈꾸다

하얀 목련이 지기 전에 희망이라고 쓰고
내일로 향해 무심히 두발로 길을 열어가듯
목적지도 없는 곳
무작정 떠나보는 내 어깨 위에 내려앉은
햇살이 따스하게 스며든다.
바이러스에 외면됐던 텅 빈 거리
아직 몸살중인 검은 발자국 지우고
이제 봄을 부른다
앙상한 가지마다 세상 향한 꿈틀거리는 새 움
그들의 몸부림에 살은 찢기는 아픔도
행복으로 품어 온 몸으로 돌아나올
자식을 기다리는 가로수 사이로
구름을 헤치고 사방으로 흩날리는 햇살
쓸쓸했던 거리에 가득 채워놓는다

지워지는 것들

떠나야 할 것들은

아직도 버리지 못한 세상향한 집념

손에 잡히지 않는 꿈만 키우는데

기억은 조금씩 지워져간다

내일은 어떤 모습일까?

핸들을 꺾을 때마다

내가 찾던 것은 모두 사라지고

머릿속을 뒤흔드는 꼬여버린 생각뿐

수십만 번을 오르고 내렸던 길들

어디로 갔을까

탑처럼 쌓아놓은 계단이 되어

머리 위에서 와르르 쏟아져 내려와

사방으로 흩어져있는 도시의 불빛들

오늘도 낯선 길에서 홀로

어둠을 지우고 나를 지운다

수채화

하얀 도화지에 핑크와 보라
색색으로 변신한 꽃잎 위로 햇살 가득 퍼지고
화려한 꽃들에게 질려버린 안개꽃 한 다발
주눅 든 창백한 모습이지만
청순함을 뽐내며 엷은 미소가 아름답다

   수국
        튤립
            백합
                베고니아
                      꽃들 만발한 곳
                힐끗
            힐끗
        요염한
빨간 장미

장미꽃은 사각 틀 안에서 꿈틀 꿈틀
세상 밖으로 나가는 꿈으로 들썩이는
수채화그림 전시장
하나, 둘
모여드는 분주한 걸음들

다육이 사랑

길 위에 퍼진 어두운 그림자 모두 허공으로 퍼 올리고 걸음 따라 조금씩 흩어지고 있는 건 매서운 겨울을 건너온 물컹한 바람, 투명하게 찾아오는 하루의 시작이다

아침은 창틀에 반사된 햇살로 온다. 또록또록 이슬방울 작아지는 소리 들린다. 햇살에 반사되어 꿈틀거리는 아스팔트 위를 설레는 마음으로 자동차 페달을 밟아 찾아가는 곳은 꽃도 마음도 활짝 피울 화해단지

이름도 다양한 다육이들과 함께 봄을 한가득 자동차에 싣고 집으로 오는 길에 등달아 들썩이는 바람을 가르고 하늘을 가로 질러 한 아름 구름이 흐르는 눈부심은 힘들었던 바이러스 시간들을 지울 수 있는 활기찬 내일이 오는 길목으로 흘러간다

날마다 나에게 설렘과 미소를 찾게 해준 다육이들, 사랑이 다 뾰족한 입모양으로 조잘조잘 내 귀를 간질임도, 창밖에 봄 햇살이 다육이들 볼을 어루만져주는 살랑거림도, 나만의 삶이되어주는 사랑의 식구들이다

일상 1

길 위에서 낮달을 보는 동안
삐딱하게 흐르는 붉은 태양
멈추지 않는 관망자세로
허공에 매달려 일몰에 젖습니다

시간은 조금도 굴하지 않고
제자리를 찾아가지만
사람들 발걸음 지워지고
휩쓸고 지나가는 차가운 바람
더욱 시린 것은 가로등 불빛입니다

두려움에서 무서움으로 변하는
점점 단절되어가는 이웃들
평범했던 일상 안에서
세상 밖으로 발을 쭉쭉 뻗어 갑니다

무심하게 걸었던 출발과 도착
아름답고 소중했던 동행이었던 것도
다시 간절해지는 꿈으로 남아
숲속으로 들어간 어둠이
더욱 음침하게 깊어갑니다

일상 2

밤늦도록 눈망울이 열린 채 잠이 오지 않아
지인이 보내준 시집을 읽는다
삶과 죽음이 가득 채워진 페이지에서
책장이 넘겨지지 않아 수십 번을 되뇌어본다
기억을 더듬는 그대의 시편들
반복되는 계절이 삶이고
죽음이라는 시어들에 가슴이 떨려오는 건
참 오랜만에 겪어보는 전율이다
잠시 머물러있는 세상
나는 멍 때리는 암울함에 대해
얻었다가 잃어버리고
놓쳤다가 다시 찾는 반복 안에서
나는 아찔한 순간은 차마 알지 못한다
세상의 소리들에 귀를 열어두고
풍성한 하루를 위한
무수히 많은 날들과 시간을 접수하고
가을처럼 현재를 물들이고 있는 중이다.

초록세상

펜 끝은 날마다 변명으로 무디어져간다

까마득하게 걸어왔던 길에서
한 뼘쯤으로 접혀져오는
열정과 욕망

오후 햇살이 바스락 바스락 말라가다가
하루살이로 허물어지고
푸른 숲은 숲대로 눈부신데
순식간에 건너버린 시간을 번갈아보며
등 굽은 길 위를 걷는 거친 발걸음

나를 떠난 시간들은 되돌아 올 수 없는데
가슴을 짓누르는 허전함만 자란다
블랙홀 같은 낭떠러지에 서서
높게 솟은 하늘을 본다 현기증으로 어지럽다

파란 하늘은 검게 먹구름으로 가려지고
허공으로 날아오른 새의 날개는 떨어져나가
구름 속으로 사라져간다

키 높은 나무들이 차례로 숲으로 드러눕고
숲들은 나무 위를 가로질러 높이 오른다
숲이 모두를 삼킨 세상은 온통 초록이다
내 몸도 초록으로 덮어져 나도 숲이 된다

일출

용맹스런 눈빛으로 수호신이 되어줄
여의주 물고 날아오르는 청룡靑龍을 앞세워
성숙한 걸음들이 밟아갈 갑진년甲辰年 새해가
어둠을 걷어내고 환한 빛으로 왔습니다

경계를 모르고 휘둘러진 바이러스 공격에
움츠렸던 몸과 마음 훌훌 털어버리고
다시 두 주먹 불끈 쥐어
굳센 기운으로 맞이하는 희망찬 새해입니다

푸른바다를 휘젓는 경이로운 몸짓으로
붉게 타오르는 태양처럼
내일을 향한 삶의 언저리마다
꿈은 높은 곳에서 빛날 내일을 향해 타오릅니다

이제 웃음이 들썩이는 풍요가 보입니다
열어젖힌 창밖에는 희망을 부르는 소리들
또각또각 메아리 되어 창공蒼空 가득 채우는
더 높이 비상할 새날들이여

시월의 기억

가슴에서 마르지 않는 시월의 기억

세월은 과속으로 내달리지만
역주행으로 달려온 1979년 시월은
사십 사년이 지난 2023년
시월의 달력에 겹쳐져
지워지지 않고 일어서는 기억
이글거리는 여름날 태양처럼
가슴이 뜨거워지는 시월
죽음이 두렵지 않은 자유민주주의를
울분으로 부르짖던 함성소리
차마 피우지 못한 꿈과 희망이
무참히 짓밟힌 젊은 임들의 희생
영원히 잊을 수 없는 뜨거움으로
피로 물들이며 밟았던 길 위에
시월의 바람이 흩어져가고
가슴앓이 과거로 쓸어내리는
다시는 오지 말아야 할 그해 시월

아프다, 오늘 다시

울컥, 그런 날이 오면

끝이 보이지 않는

설렘으로 가득 찬 세상을 붙잡고

유년에서 지금까지 걸었던 길

겹겹이 쌓여가는 저 아득한 곳에서

하늘과 땅과 바다

지상 곳곳으로 쏟아지는 햇살

바다, 심해深海 깊은 곳까지 닿을지

온통 세상이 궁금한 것뿐

무성하게 자라는 시간 속에서

흐려지는 삶의 문장으로

오늘 그리고 내일, 기억이 짧아지는

그런 날이 오면

허무한 마음만 키우는 삶

죽방멸치

거친 물살에 온 몸은 시퍼런 멍으로

먼 해협을 건너 손도 앞바다까지 밀려온

파도의 몸에서 하얗게 꽃은 피고 또 지고

만조의 물결에 죽방렴 안으로 숨어든 멸치 떼

낯선 곳에 적응히는 멸치들의 몸놀림으로

대나무 집 어구漁具 안은 은빛으로 출렁인다

섬

바다에 갇혀
바다로 살다 푸른빛에 눈이 멀어
하늘도 바다도 경계를 모르고
불쑥 머리 들어 올린 왜가리 떼

파도에 밀려
짠 바람에 절여진 오후 햇살
축 늘어져가는 서쪽하늘 끝에서
우~우 갈매기 울음소리에 섞인다

어둡고 깊은 바다를 건너온
거친 물살은 다시 섬 곁을 휘돌아
온몸으로 파도를 부수고
바다로 뛰어든 하늘

푸른 하늘에 배 한척 띄운 적 없는데
넘치는 뱃고동소리

봄, 꽃

밀려오는 봄 햇살에
높은 곳까지 오르는 꿈을 꾸었을
작은 풀꽃
세상 밖으로 움찔거리다
수평으로 앉아 나는 봄날의 예감을 읽는다

펼쳐진 초록사이로
수줍게 밀어 올리는 꽃잎
자글자글 속살기림이 빛나고
그 언저리에 그을린 시간들
낮은 곳에서 밀려오는
눈빛 맑은 여인처럼
나는 반짝거리는 소리를 듣는다

오래도록 꾸었던 꿈이 유효한 날
허리 굽힌 꽃 대궁
엔터키 한 번에 온몸으로 피우는
꽃들의 반란이 눈부시다

수신자 없는 편지

아카시아 향이 가득한 봄날이면
나는 너에게 편지를 쓴다
아직도 내 마음은 청춘이라고 말하고 싶다

세월은 하염없이 찾아오는지도 모르고
마음은 자꾸 뒷걸음으로 가야한다고
억지를 부리다 나는 거울을 본다

낯선 여인은 너의 안부를 묻지만
나는 고개만 저어보이고 너에게 편지를 쓴다

날마다 나를 떠나 사라지는
너는 벗어놓은 기억들만 남기고
훌훌 가벼운 발걸음으로 멀어진
너에게 날마다 편지를 쓴다

아카시아 향기를 적신 편지를 붙이고
돌아오는 길
봄을 한 아름 안아본 내 두 볼에
반짝 하얀 눈물이 흐른다

비밀

빛이 굴절되어 바다를 적시는 시간

위태로운 꿈을 꾸었던 적 있지

무심한 세월에

허무하게 무너져버리는 줄도 모르고

아직도 가슴 설레는

수평선에 빛나는

낮과 밤사이를 건너는 비밀하나

붉은 노을빛에 까마득하게 잊혀졌던

그리운 날들이 빛으로 쏟아져

나를 채운다

어둠이 아직 멀리 있는 시간

잠시 꾸었던 꿈속의 이름

바다 새

하늘인지 바다인지
바다 새는 하늘을 헤엄치고 있다

숨이 차오른 왜가리, 고깃배 솟대 끝에
날개 한쪽 걸어두고 날아간 짝을 기다리다
깊게 내 뿜은 하얀 물거품이 그의 눈물인가

갈매기 울음이 뱃고동소리를 지우는데
생선비늘 같은 윤슬에 수평선은 경계를 뭉개고
하늘은 거꾸로 매달려 온몸으로
서서히 바다를 점령해버린다

바다를 잃은 바다 새
해안으로 밀려드는 온갖 쓰레기에 밀려
무거운 날개 내리고 발목 잡힌 괭이갈매기
수평으로 나란히 파도를 탄다

시간은 고독입니다

낯선 곳으로 총총 찍어가는 아득한 세월 안에 차올랐던 욕망들이 물안개 풀어지듯 하나씩 휘돌아가는 헛헛한 바람처럼 시간은 고독입니다

희미하게 번지는 달빛에 수줍은 비밀까지 홀러덩 벗어던집니다 내가 걸어온 날들이 낡고 앙상한 가벼움 되어 밤새 쪽잠 속에 흐르던 기억들 새벽으로 지워지고 창밖에 휘어진 채 외등으로 서 있는 시간은 고독입니다

어제 내린 황사비로 숲도 나무도 제 몸 색을 잃어 온몸 흔들어 소란스런 날 바람이라도 펄럭여준다면 좋을 텐데 그 많던 바람은 어디로 갔는지 오지 않고 무심한 날 공중으로 날아오르는 새들의 날갯짓처럼 고독한 몸짓입니다

독백

바빴던 일상을 손에서 놔버리고 무기력하게 보내는 삶에 채찍 같은 편지를 쓴다

두려움 컸던 길 위에서 쉽게 내려놓지 못하는 무게 비틀거리면서도 살아왔다는 것과 살고 있다는 것을 공존하는 삶을 향해

또박또박 눌러쓴 손 편지, 자음과 모음이 머뭇거리는 사이 세월에 밀려 걸어온 지난날들이 머릿속을 스치는 터널 같은 길, 참 멀리까지 늘어서 있다

이제 더딘 걸음으로 오늘을 건너고 내일로 가는 나의 길, 나에게 독백처럼 편지를 쓴다

아주 오래전

바람 속으로 내지르는 숲의 비명소리 소름 돋는 괴성이 시작된 날, 나도 날짐승들도 모두 날개를 접고 숨어든 곳 무성하게 피어올린 거미줄에 걸려 마지막 희망마저 꺾어졌던 아주 오래된 기억 속에서 탈출하는 꿈을 꾸었다

오늘도 사람들은 분주하게 하루를 살아가고, 그들 중에 한 사람으로 살고 있다 오래도록 과거에 매달려 맴돌고 있었던 시간을 벗고, 현재를 살아야 하는 덤덤한 마음으로 거울 속 나를 만난다

함께 걷고 함께 갈 수 있는 사람이 있다는 건 참 행복한 일, 때때로 덩그렇게 혼자 바라보는 세상, 내가 묶어놓은 내 몫이니까 경계선을 넘나들고 때로는 허물고 삶의 흔적으로 훗날 남겨질 내 모습에 색을 칠하는 것이다. 허공을 휘젓는 바람처럼 세월은 또 그렇게 흘러서 가는데

엔터키를 누르세요

깊은 밤

아무도 보이지 않는 텅 빈방
어수선하게 헝클어진
과거와 현재의 순간들이
뒤엉켜 어두운 방안을 누빈다
거꾸로 매달려있는 전구 속
둥근 달이 떠 있다

허공을 향해 뻗은 두 팔은
움직일 수 없는데
침대는 공중으로 솟아오르고
바닥은 하늘처럼 고요하다

내 귀 안에 집을 짓고
무성한 소리를 키우는 쇳소리
온 몸에 돋아나는 가시들
쇠망치로 두들기는 소리, 소리들
누군가 내 팔을 꺾어버리고
매달렸던 달은 바닥으로 내려앉았다

시간을 되돌리는 손끝은 꼼짝도 않고
꿈이라고 머리는 벌써 읽었는데
종료 버튼을 누르기 전
저장 버튼을 눌려야 하는데
꿈은 계속 진행 중인가 보다

엔터키 버튼에 손이 닿았다

두려움

긴 세월 나와 함께했던 영구치를 버리고
인공 이를 만나야 한다

겁먹은 어깨는 날개처럼 퍼덕이고
푸른 바다에 떠있는 돛배로 흔들린다
하얀 장갑 낀 손에 쥔 기계음 소리
입안을 휘젓고 다니는 불도저처럼
굉음은 잇몸을 헤집고
온 몸은 경련으로 몽롱해지는 몇 시간
공중으로 떠 있다 서서히 하강하는
의식을 붙잡아본다

눈앞에 하얀 물체
의자를 움켜쥔 손이 경련을 한다
낯선 풍경이 스치는 통유리 밖
감각 없는 입술을 깨물어본다

part. 4

자연의 소리

낮은 곳으로

 어둠은 풍성하게 자라나 꿈틀 꿈틀 매일 반복되는 공간 속에 귀를 열어두고 잠을 설친 밤을 건너 새벽이 올 때까지 쓸쓸한 불빛은 낮게 눕는다

 겨울 지나 웃자라버린 시간은 헐벗었던 몸에 나이테 하나 만들어 놓고 당당하게 늘어선 가로수, 소란스런 몸부림이 온 몸에 돋아나는 새움 터지는, 울컥 울음이었다가 기쁨으로 설렘의 소리

 산수유 꽃무리가 풀어놓은 거리에는 봄이 익어가는 얇은 소리들이 아지랑이로 흔들리고 휘어진 길에서 쏟아져 나온 봄바람, 동여맨 옷자락 풀어놓고 기웃거리는 꽃길 접선중이다

야생 봄꽃을 찾아

　가쁜 숨소리 하나에 겨울잠에서 깨어난 숲이 들썩이고, 납작 엎드린 길 위로 허물어지듯 바윗돌에 걸터앉은 그림자 하나

　깊어진 하늘에 낮달이 흐르다가 덩그렇게 서있는 졸참나무 가지에 앉아 사방으로 번지는 바람결에 움츠려지는 손길로 햇살 스윽 문지르고 다시 하늘 길 사라져

　길섶에 포슬포슬 흙을 밀고 쏘옥 고개 내민 하얀 얼굴 복수초, 추위에 몸을 바르르 떨고 앉은 아직 활짝 몸을 펴지 못한 꿩의 바람꽃, 바삭 마른 나뭇잎들 사이 하얀 꽃잎이 청순한 미소로 와 앉은 흰색 노루귀

　하늘을 덮어가는 구름, 고당봉 가는 갈림길아래 숲이 보듬어 품고 있는 바닥에 허리를 숙이게 하는 겨울잠에서 깨어난 노란색 영춘화, 옹기종기 모인 돌 틈 사이로 몸을 비집고 나온 큰 괭이밥, 흰 얼레지까지 발걸음 잡아

　산길은 풍선처럼 부풀어 올라 까마득하기만 한 고당봉은 눈으로만 오르고, 야트막하게 열려있는 나무들 사이로 보이는 그림 같은 파란 하늘은 한 폭의 수채화 같아 가슴은 설렘으로 벅차고

카메라에 담긴 풍성한 야생화들의 들썩임이 커지는 소리

비안개

지난밤 내렸던 빗방울보다
가벼운 무게로 무심한 듯
산허리 감싸 안았다가
요염하게 사방으로 뭉개고
휘청거리며 반항하는 초록의 몸부림
한곳의 정착이 어려운 몸으로
자유롭게 옮겨가는 바람길
급강하로 풀어져가는 그 곳이 어디쯤인지
방향 잃은 몸짓은 허공을 헤매고 다닌다
길도 없는 길을 찾고
기억도 없는 기억을 찾아
사방으로 허물 벗듯이 풀어지다가
서서히 밝아지는 하늘빛에
안개의 몸은 산산이 부서지고
어둡고 고요한 깊은 계곡으로 내려앉아
아침햇살에 도망치듯
다시 정복할 비상을 꿈꾼다

풍경 1

온전히 버리지 못하는 것들
완전히 버리고 싶은 것들 사이

과거
현재
두꺼운 벽 안으로
소란스런 수다가 풍성해지는 시간

꿈속을 헤매고 디녔던
잊히지 않는 인연들의 웃음 그리고 사랑

가끔씩 바람이 기웃거리다 가는 것처럼
기억은 야위고 인연은 가벼워지는데
먼발치에서 커지는 봄의 발자국 소리

무성한 봄꽃으로 피어난다

봄 햇살로 내려오는 세상
창밖에 매달아둘 희망의 메시지

풍경 2

떠밀려 간다는 것은 슬프다

사방으로 번지는 어둔 얼굴들
모두가 빼앗긴 시간을 줍다가 길을 잃었다
바람에 매달려 하얗게 번지는 햇살
방황하듯 흩어져간다

절망 속에 접혀져가는 시간

어둠을 밟아가는 발걸음
허상에 젖은 생각을 쓰러 눕힌
가장 낮은 곳에서
낯선 길에 던져놓은 서투른 몸짓

세상의 품속은 지금 몸살을 앓고 있다

암울하게 흔들리는 일상
소박한 삶마저 허락받지 못하고
어둠이 짙어질수록
과거가 되어 낮게 흐르고 있다

꽃이 만발한 길이었던 기억은 아직도 환하다

봄날의 예감

길을 열어가듯 눈으로만 걸었던 골목길

목적지도 없는 곳이었던 걸음

휘어진 길모퉁이를 돌아 하늘을 본다

닫힌 창을 서서히 열어젖히고

솜사탕으로 풀어지는 눈부신 구름

즐비하게 늘어선 나무들 뼈대사이로

붉은 햇살 받고 내려놓는 봄날의 예감

설레는 세상이 오고 있다는 것

사방에서 벚꽃 잎 비처럼 내리는

참 오랜만에

봄꽃이 풍성한 길에 발자국 찍고 가는

그림자

어둠속 거리에는
사람은 보이지 않고
사방에서 철벅거리는 바이러스 테러
가면들만 하나 둘 흔들리며 간다
휘어져 내리는 바람
점점 하늘은 가을에 물들고
석양에 출렁이는 텅 빈 거리
쓸쓸한 바람으로 채운다
들리지도 보이지도 않는
더욱 깊어진 지친 숨소리
초점 없는 눈동자로 오늘을 걷는
묵직한 발걸음 또 하루를 지워내고
등 뒤에 서있는 그림자만
조용히 내일을 기다리다 사라지는

무심한 오늘 두려움이고 어둠이다

황사비

오월에 내리는 폭우에 나는 모래알갱이처럼 흩어져간다
흙빛으로 내리는 빗줄기는 바닥을 통째로 강물을 만들고
축 늘어져 몸살을 앓고 있는 가로수 온 몸으로 저항하다
추락을 예감하고 곤두박질하는 곳이 까마득한 수렁이다

천지간에 보이는 것이 있었던가! 지상으로 추락하는 고통
으로 평범했던 것들이 사라지는 시간에 창과 창 사이 촘촘
해진 거리는 어둠뿐, 가로등은 물동이처럼 달랑거리다 온
몸은 부서져 내동댕이쳐진 채 까마득한 그곳은 어둠뿐

눈앞은 경계를 잃어버린 황토 빛, 나는 그곳에서 바람처럼
날리다가 어디론가 떠밀려 바다가 되었다

검은 나무, 그리고 숲

묵묵히 산 능선으로 흘러내려온 바람

어제의 푸른 숲도 나무도 화마火魔에 빼앗긴

온몸 찢기는 기억이 아프다

하얗게 내려온 봄 햇살

검게 타버린 나무 감싸 안고

나이테를 헤아린다

온 몸이 타들어가는 고통의

낯선 풍경이 서러워

흐물흐물 무너져 내렸던

버리지도 잊지도 못할 시간들

횅하게 뚫린 바닥을 치고 올라가는 바람

자유로운 몸짓으로 허공을 배회하다

까맣게 적셔진 무거운 몸

추락하다 나뭇가지에 걸려 까끌까끌

검은 눈물되어 떨어진다

어쩌면

창가에 걸쳐진 것들이 한눈에 겹겹으로 들어와

지난 세월의 흔적들이 출렁출렁 가슴을 흔들어 놓는다

소라껍질에서 파도소리 들리듯

마음 안에서 바다소리가 난다

겨울이 아직 머물러 있는데

봄의 따사로움을 기대하는 쓸쓸해지는 시간,

유리창에 매달려 빗물처럼 고여 있던 습한 기억들

궁금해서 목이 길어진다

먼 하늘 끝에 하얗게 걸려있는 구름 한 점

꿈틀꿈틀 허리 통증 같은 아픔으로

어쩌면

지나간 긴 날들의 안타까운 기억은

언저리마다 돋아나는 아물지 않은 상처

가슴 안에 굳은살로 박혀있다

봄이 침묵하는 이유

아직 떠나지 못한 시린 바람

시간을 잘라먹고 허기진 공간을 넘나들다
꼿꼿이 길섶에 앉은 매서운 눈빛
겨울 뒷자락에 파랗게 질려있는
땅을 밀치고 세상으로 올라온 민들레 꽃잎

까마득한 높이로 출렁이는 빌딩사이
종이꽃 뿌려놓은 듯
빛으로 숲속 경계를 풀어놓는
허공가득 햇빛과 구름과 바람이
공존하는 틈 사이로

멀어지는 거리만큼 햇살 잘게 부수어
자욱했던 구름 걷어낸 투명한 하늘
사방으로 향긋한 매화향기 퍼져가는
오후 4시, 봄

봄~
　　꽃~
　　　　봄꽃들,

무관심한 듯 침묵중이다

빗소리

홀로 선 가로등 붉게 물들어
골목마다 질퍽거리는 검은 그림자
어둠 뚫고 번개가 올 때마다
죽은 불빛들은 개구리처럼 폴짝 거린다

온통 거리는 강물로 출렁이고
빗물이 쓸고 지나간 자리마다
앙상하게 기형으로 굽어가는 그 길에 서서

바닥은 머리 위에서 맴돌고
오랫동안 살아온 삶의 무게
빗소리로 흔들리다 떠밀려가듯 사라진다

캄캄한 어둠이 창밖을 가득 채우고
아주 천천히 낯선 길들이 늘어서서
사방으로 부풀어 오른다

머릿속은 온통 하얗게 지워진 백지가 되어
낡고 비어있는 쓸쓸한 시간
시 한줄 쓸 수 없는 비 오는 날

시간은 잠시 멈추어 빗소리 저장중이다

폭우

휘어져 내리는 세찬 비바람
경계를 무너뜨린 동그라미 안에
빼곡했던 시간이 쏟아져 내린다

허리 잘린 아름드리 가로수
삐죽 내장을 내밀고 꺼이꺼이 삼키는 빗물
거리는 흙빛으로 출렁이고
썰물처럼 밀려가는 바다를 만든다

비바람은 공간을 채웠다가
창과 창 사이 촘촘해진 거리로 떨어져
천지간에 보이는 것은 지상으로 추락하는
검은 그림자 뿐
탱탱했던 거리는 무성한 죽음들로 흔들리고

비바람의 방향등인가 깜빡이는 신호등
자동차는 관처럼 누워
꺾어진 가로수 여린 잎들을 업고
수심 깊은 길인지 바다인지
풍랑만난 수십 척의 배처럼 떠있다

풍경 3

숲에 남아있는 내일의 예감
잿빛하늘에 수채화로 그렸다가
휘어진 길 따라 삐딱하게
사방으로 펼쳐진 초록
한때는 날아오르는 꿈을 꾸었을
욕망 때문에
오래도록 꿈틀거렸던 작은 풀꽃
수평을 끌어안고
덩달이 설레는 마음은 그곳에서
수줍게 감추었던 몸 열어
눈빛 맑은 여인은 오래도록
수감되었던 기억들 풀어놓고
높게 솟은 하늘 벽에
수천 개의 창을 열어
투명해서 더욱 빛나는 날의 그리움
까슬까슬한 바람이 불어오는 날
거리는 온통 하얀빛으로 눈부시다

거리 좁히기

직선 따라 흔들리는 사람들

흩날리는 봄을 들고

달달한 꽃향기에

발걸음 잡혀 머뭇거리는 사이

수많은 꽃들이 피었다 지고 다시 피고

시간이 쌓여갈수록 허공을 맴돌다

한꺼번에 흘러내리는 것들

그리움을 쏟아놓은 자리

핑크 빛이다

눈부신 거리는 곡선을 그리며

무성해지는 빛 그리고 그림자

낮은 자세로 엎드린

두려움 알았을까

빼곡히 박힌

빛났던 시간 내려놓고

한참을 서성이다 나란히 꽃이 된다

새가 되어

치술령鵄述嶺자락

은을암隱乙巖 토굴에는

혼조의 슬픈 울음이 잠들어

한恨

이

된

전

설

로

은을암 바위틈에 박힌 채

내려다보이는 동해는 그대론데

역사 안에 쌓인 세월만 깊다

봄의 소리를 듣다

화사한 바람 탱탱하게 부풀어
겨우내 숨죽이고 기다렸던 시간들
훌훌 벗어던지고
살찌운 무딘 발걸음으로
무심하게 뻗어있는 길 따라 간다

귀 열어 봄의 소리 들으면
햇살 톡톡 터지는 상큼한 소리
바람에 새싹 돋아나는 소리
지천에서 꽃망울 벙글어지는 소리
낯익은 목소리처럼
봄은 그렇게 오고 있다

등을 보인 겨울바람은 아득한 곳
키 큰 나뭇가지에 앉아
떠나기 아쉬운 몸짓으로 툭툭 친다
그의 몸부림에 날아오르는 햇살
강아지 한 마리 총총 달려가고
펄럭펄럭 봄바람이 분다

구름

하늘을 머리위에 얹고

무거운 무게에 위태롭게 흔들리다

자신의 몸이 허물어지는 줄도 모르고

온몸으로 지탱하는 애처로움도 잠시

사방에서 모여든 먹구름

어디론가 흩어졌다 다시 뭉쳐지고

반항하듯 사방은 어둠으로 채워져

하얀 구름 품에 안고 뜨겁게 흘리는 눈물

지상으로 쏟아져 내리고

번쩍이는 성난 천둥번개로

쏟아지는 폭우가 되어

출렁이는 빗물은 세상을 흠뻑 적신다

하늘은 보이지 않고

멀지않은 곳에서 바라보다

서서히 몸을 접어 멀어져간다

가을

얼핏 눈길이 머문 곳
은행잎들이 바닥으로 흘러내리는 날
내 안에서 꿈틀거리는
불투명한 머릿속 망상
지우개로 지우고

어제가 과거 이듯
오늘은 어제의 미래였지 않은가
환청에 끌려 자꾸만 뒤돌아보는
지나온 날들은
먼 훗날 다시 나를 찾아와
달빛에 물든 추억이라고 말하지

가을 끝자락에는
겨울의 시린 바람이 묻어 있다는 걸
창밖을 본다
여전히 하늘은 맑고
은행잎들은 조용히 낮은 자세로
아스팔트를 수놓고 있다.
가을에 흠뻑 젖어

일상에서도 무디어지지 않는
감성을 자극하는 위로가 되는 삶
가을이 내게 살짝 스쳤지만
구름은 강물처럼 천천히 흐르고
침묵하던 길은 휘어진 채로 숲을 찾는다

● 추천 글

정익진 시인

● 추천 글

    황길엽 시인의 시집 『가끔 부재중입니다』의 시편들을 읽어 가면서 몇몇 상념이 떠올랐다. 아마도 이번 시편들이 주는 시적 감흥이나 충격 때문이 아닐까. 가령, 내가 걸친 옷이 아름답지만 무겁다고 생각해 보자. 한 겹 옷을 벗어던진다. 그렇다고 해서 내 삶의 아름다움이나 무거움이 덜하거나 가벼워지지 않는다. 삶은 아름답지만 짐을 지고 가는 것이기 때문일 것이다. 삶 자체가 짐짝이다. 짐을 들고 길을 나선다. 그렇지만 지금까지와는 또 다른 그 무엇으로부터 벗어나고자 고뇌한다. 여러 갈래의 길이 말없이 펼쳐져 있다. 답은 없다. 때론 막연하다. 인생의 길은 그저 아름답기만 한 것일까. 한낱 고통 그 자체일까. 럭비공처럼 어디로 튈지 모른다. 천방지축이다. 무엇이 정답일까. 황길엽의 시는 정답과 오답 사이에서 파생하는 다채로운 갈등이다. 그렇다, 아니다 혹은 직선 방정식이다 질량보존의 법칙이다 이론들이 많다. 물론 시는 이러한 수학이나 물리학에서 요구하는 정답은 없다. 시에 대해서 정의를 내릴 수 없고 시인 역시도 공식의 발명을 위해서 시를 쓰지는 않는다. 황길엽 시인의 시편에 따르면 삶은 공식대로 사는 삶이 아니라 필연적으로 공식을 지워나가는 과정일 것이다. 하나의 공식은 한 갈래의 길에 해당한다. 길은 수정액으로 지운 듯 하얗게 지워져 있다. 소멸 의식이다.

정답과 오답이 결정되기까지는 수많은 시행착오를 겪기 마련이다. 삶에 있어서 어느 정도 답이 주어진다 해도 그 답이 영원히 정답일 수는 없다. 진리일 수도 없다. 하늘에도 길이 있고 공식이 있다. 무엇보다도 새가 난다. 지상에서와 마찬가지로 새도 하늘의 길과 공식을 따를 것이다. 그래서인지 황길엽의 시편들 속에 새들이 다소 등장한다. 지상에서 찾지 못한 정답을 새들은 보여줄 수 있을까. "기림사 가는 안개로 덮인 하얀 길 / 이름 모를 새 한 마리(「기림사 가는 길」)가 날아가는 곳은 이디일까." "초점 잃은 눈동자에는 세상 인연들 하나하나 담으려다 풀어지는 / 생의 마지막 순간"(「호스피스 임종 병실」), 그 순간에 떠오르는 질문과 해답은 무엇이었을까. 시인의 영혼을 닮은 새들은 하늘과 지상을 오가며 자신만의 길과 자신만의 정답을 구하고 있을지도 모를 일이다. 이같이 황길엽의 시편들은 삶의 근본적인 물음에 대한 철학적 대응이라는 점에서 그리고 새로운 사유 체계의 또 다른 방식이라는 점에서 높이 평가할 수 있을 것이다. 저 어두운 곳에서 조용히 빛을 발하는 별과 같다.

- 정익진 시인

포엠포엠시인선 040
가끔 부재중입니다
황길엽 시집

초판 1쇄 발행 | 2024년 8월 3일

지은이 | 황길엽
기획·제작·편집 | 성국
디자인 | 성국, 김귀숙

펴낸곳 | 도서출판 **포엠포엠 POEMPOEM**
출판등록 | 25100-2012-000083

본　사 | 서울시 송파구 잠실로 62 트리지움 308-1603 (05555)
편집실 | 부산시 해운대구 마린시티 3로 37 오르듀 1322호 (48118)
출간 문의 | 010-4563-0347, 02-413-7888
팩스 FAX | 02-6478-3888, 051-911-3888
이 메 일 | poempoem@daum.net
홈페이지 | www.poempoem.kr
제작 및 공급처 | 산업디자인전문회사 **두손컴**

정가 12,000원

ISBN 979-11-86668-46-7 03810

* 저자와 협의 아래 인지를 생략합니다.
* 이 책의 저작권은 저자와 출판사에 있습니다.
  저자 허락과 출판사 동의 없이 무단 전재 및 복제를 금합니다.
* 잘못 만들어진 책은 바꿔드립니다.

본 도서는 2024년 부산광역시, 부산문화재단 〈부산문화예술지원사업〉으로 지원을 받았습니다.

포엠포엠
POEMPOEM